GUIDE PRATIQUE

POUR LA VISITE DE L'ÉGLISE

Saint-Germain-l'Auxerrois

25 centimes

AU PROFIT DES ÉCOLES DE LA PAROISSE

(2)

GUIDE PRATIQUE

POUR LA VISITE DE L'ÉGLISE

Saint-Germain-l'Auxerrois

25 centimes

AU PROFIT DES ÉCOLES DE LA PAROISSE

GUIDE PRATIQUE

POUR LA VISITE DE L'ÉGLISE

Saint~Germain~l'Auxerrois

L'église de Saint-Germain-l'Auxerrois fut fondée par Childebert Ier, mort en 558. Dédiée d'abord à saint Vincent, diacre, elle fut mise, plusieurs années après, sous le patronage de saint Germain, évêque d'Auxerre. Cette église fut longtemps le baptistère des campagnes à l'ouest de Paris : « Alors qu'elle était dans la campagne, « dit l'abbé Lebœuf, et qu'elle n'était pas resser- « rée dans une cité dont les murs impénétrables « étaient solidement entretenus. La Seine y « avait été conduite facilement et elle y formait « un bassin pour y donner le baptême par im- « mersion. »

EXTÉRIEUR

L'un des plus précieux monuments du vieux Paris est le portique de Saint-Germain-l'Auxerrois qui, construit par Jean Gaussel en 1435, est ouvert par cinq arcades de face et deux sur les côtés, toutes appartenant au style ogival. Ses voûtes, sillonnées de fines nervures prismatiques, ont pour clefs un écusson jadis sculpté aux armes de France, les animaux symboliques des évangélistes, des rosaces à jour, la Cène et l'Adoration du Christ par les Bergers. Aux retombées des voûtes, des consoles représentent des figures grotesques, un fou avec sa marotte et des animaux en positions diverses. Au-dessus du porche est une rose à compartiments accompagnée de deux tourelles ; un ange se tient debout sur la pointe du pignon.

La décoration intérieure du porche est moins ancienne, ainsi que les statues, sauf celle de saint François d'Assise et de sainte Marie l'Égyptienne. Ces statues sont placées dans l'ordre suivant, y compris les deux anciennes dont nous venons de parler :

Partie du milieu du porche (XVᵉ siècle) :

Saint Charlemagne, empereur ;
Saint Louis, roi de France ;
Saint Denis, 1ᵉʳ évêque de Paris ;
Saint Marcel, 9ᵉ   —
Saint Germain, 20ᵉ   —
Saint Céran, 25ᵉ   —

Saint Landry, 28ᵉ évêque de Paris.
Saint Agilbert, 32ᵉ   —

Parties latérales du porche (xivᵉ siècle) :

Côté gauche : Sainte Clotilde, femme de Clovis Iᵉʳ ;
— Sainte Radegonde, femme de Clotaire Iᵉʳ ;
— Sainte Marie l'Égyptienne, solitaire ;
— Saint Cloud, prêtre, petit-fils de sainte Clotilde.
— Saint Amateur, évêque d'Auxerre.
Côté droit : Sainte Isabelle de France, vierge, sœur de saint Louis ;
— Sainte Bathilde, femme de Clovis II ;
— Sainte Jeanne de Valois, fille de Louis XI ;
— Saint François d'Assise, fondateur des frères mineurs ;
— Saint Allode, disciple et successeur de saint Germain d'Auxerre.

Trois portes donnent accès du porche dans l'église. Les deux latérales sont du xvᵉ siècle, celle du milieu est de la première moitié du xiiie siècle ; l'arcature des boiseries des vantaux est du xve siècle.

Les grandes statues, chacune abritée par un dais, représentent, à droite du tympan : saint Vincent, diacre et martyr, tenant un livre fermé, puis un roi et une reine qui paraissent être Childebert et son épouse Ultrogothe ; à gauche : saint Germain en costume épiscopal, sainte Geneviève tenant un cierge allumé qu'un diable s'efforce d'éteindre, et un ange tenant un chandelier dont la flamme rallumerait le cierge de sainte Geneviève si le démon réussissait. Les supports de ces statues sont : le préfet de Saragosse qui condamna saint Vincent, un homme accroupi et deux hideux démons.

Les trois bandeaux ou cordons composant la voussure représentent : au premier cordon, à droite : Abraham tenant une nappe où sont trois âmes ; à gauche : dans la chaudière infernale, trois personnages, dont un est mitré et les deux autres figurent un prince et un bourgeois ; un démon frappe ces damnés tandis qu'un autre va jeter un malheureux dans les flammes. Sept anges achèvent de remplir cette première rangée. Au deuxième cordon, à droite : les cinq vierges sages tenant leurs lampes allumées ; à gauche : les vierges folles, en costume mondain du XIIIe siècle, ayant leurs lampes renversées, puis deux mains sortant d'un nuage, à la pointe de l'ogive, qui laissent flotter deux banderoles. Au troisième cordon : les douze Apôtres, six de chaque côté, assis sous de petits dais.

A l'extérieur, la nef et ses accessoires sont décorés, selon le goût du XVe siècle, de balustres à jour, pignons, gargouilles, consoles et corniches illustrées, feuillagées et peuplées de petites bêtes, et de grandes fenêtres à meneaux avec tympans à compartiments. Des arcs-boutants appuient la maîtresse voûte. Des clochetons, auxquels des animaux divers sont suspendus, terminent les contreforts. Le clocher appartient au XIIe siècle ; sa flèche et ses quatre clochetons furent supprimés au XVIIIe siècle. La situation du clocher, sur le côté méridional, porte à supposer qu'il y en avait eu un autre semblable du côté septentrional.

INTÉRIEUR

PLAN. — Le plan de l'église est en forme de croix ; elle a 240 pieds de longueur sur 120 pieds de largeur au transept. Des bas côtés doubles, bordés de nombreuses chapelles, accompagnent la nef, le chœur et le rond-point de l'abside. La

nef a quatre travées, de même que le chœur ;
l'abside en a sept en pourtour.

LA NEF

Diverses chartes de fondation des chapelles et
le caractère archéologique de l'église établissent
que les travaux durèrent du xiiie au xve siècle,
et que c'est au commencement de cette période
qu'il faut reporter l'élévation de la nef. Ses vitraux, du xive siècle, furent supprimés en 1728.
On creusa sous la nef, en 1746, de grands ca-
veaux qui existent encore et qui servirent à l'in-
humation des paroissiens.

La chaire à prêcher, dont on admire l'ornementation et les dimensions imposantes, fut
commencée en 1632. Quelques années plus tard,
le banc d'œuvre fut disposé pour la famille
royale. Ces œuvres remarquables furent exécu-
tées par le célèbre sculpteur François Mercier
sur les dessins de Lebrun.

Près du banc d'œuvre on remarque un magni-
fique Christ de Bouchardon.

BAS COTÉ MÉRIDIONAL

Chapelle de la sainte Vierge.

La chapelle de la sainte Vierge ou des Caté-
chismes est la plus ancienne de l'église. Elle

comprend les quatre travées de la contre-nef méridionale, depuis le bas du transept jusqu'au mur de retraite du portail de la rue des Prêtres. Cette chapelle appartient au style de transition du XIVᵉ au XVᵉ siècle et son ornementation est très remarquable. C'est une petite église avec sa chaire, ses stalles, sa clôture en bois sculpté et son autel orné de riches bas-reliefs. Le retable qui surmonte l'autel couvre le mur du fond dans toute la largeur de la chapelle. Son sujet mystique est un arbre de Jessé dont les branches entourent une belle statue en pierre de la Vierge mère du XIVᵉ siècle.

Dans un des oratoires latéraux de la chapelle, on a découvert, sous le badigeon, une peinture murale du commencement du XVIᵉ siècle, représentant un cimetière et les morts ressuscitant à la voix des anges. On retrouva également, dans ce même oratoire, derrière une boiserie, trois statues : la Vierge assise portant son Fils, un évêque, puis un diacre représentant saint Germain et saint Vincent. La statue de saint Germain est en bois et les deux autres en pierre.

On voit à une clef de voûte, sculptée en relief, l'image de saint Christophe traversant un torrent et portant Jésus enfant sur ses épaules. A la dernière travée, sur une rosace à jour, se détache saint Germain en habits pontificaux.

———

Devant le portail de la rue des Prêtres, se dresse un bénitier sculpté par François Jouffroy d'après une composition de Mme de Lamartine ; cette œuvre représente trois enfants au pied de la croix.

Un peu plus loin, au sud du chœur, une belle porte du xve siècle est surmontée d'une Vierge mère du xive siècle en bois peint.

Vitraux du transept méridional.

La rose du sud et les deux fenêtres du croisillon méridional, dont les vitraux appartiennent au xvie siècle , représentent les sujets suivants :

LA ROSE. — L'Esprit-Saint descendant des cieux, la Vierge, les apôtres et de nombreux disciples recevant la grâce et la lumière.

FENÊTRES DU CROISILLON. — A la première fenêtre, le Christ, entouré des apôtres, fait toucher son côté à saint Thomas pour le convaincre de sa résurrection. Plus haut, les apôtres assistent à l'Ascension du divin Maître. A la seconde fenêtre, les apôtres sont réunis autour du tombeau vide de la mère de Jésus. Marie s'élève vers le ciel entourée des esprits célestes. Un ange apporte à saint Thomas, qui doute encore, la ceinture de la Vierge, et son incrédulité cède à ce nouveau prodige. Dans le tympan, la Vierge est couronnée par le Père éternel. Un puits, à la pointe de l'ogive, indique que les Pères ont donné à Marie le nom de *Puits des eaux vives*. On remarque de nombreuses armoiries, au bas des fenêtres, pour conserver la mémoire des donateurs.

LE CHŒUR

Les grilles du chœur, en fer poli avec ornements en bronze, sont un des plus beaux ouvrages de la serrurerie du xviiie siècle, et sont l'œuvre de Pierre Dumiez.

Le chœur appartient au xiiie siècle ; le maître-autel, *si superbe*, dit Sauval, fut construit en 1612. En 1745, on voulut mettre le chœur au goût du jour ; l'architecte Bavarit sillonna de cannelures les vieilles colonnes, transforma en guirlandes les feuillages des chapiteaux, défigura les ogives. Cependant ce vandalisme n'a pu faire oublier la date réelle du chœur et de l'abside, qui, lui non plus, ne fut pas épargné. La forme générale indique clairement la première moitié du xiiie siècle.

CHAPELLES DU CHEVET

La chapelle de saint Landry est la première après la sacristie. On y remarque les effigies en marbre d'Étienne d'Aligre et de son fils, tous deux chanceliers de France, le premier décédé en 1635 et le second en 1677, œuvres de Laurent Magnier.

Après la chapelle de saint Landry et en suivant, on s'arrête avec dévotion devant les chapelles très pieuses de saint Joseph ou de la Bonne-Mort, du Sacré-Cœur, au chevet de l'église, des Patrons, où sont vénérées les statues de saint Germain l'Auxerrois et de saint Vincent. C'est dans cette chapelle que se remarquent aussi deux statues en marbre des membres de la maison de Rostaing. A l'entrée de cette chapelle on a placé récemment les statues de sainte Anne et de saint Antoine de Padoue. La dernière chapelle avant la porte Sainte-Anne, qui ouvre rue de l'Arbre-Sec, est consacrée à sainte Geneviève ; la statue de la sainte qui y est vénérée est moderne.

BAS COTÉ SEPTENTRIONAL

Les chapelles de la nef septentrionale n'ont été construites que dans la seconde moitié du xvie siècle, comme le prouvent les dates 1569-1571 gravées au-dessus de leurs gargouilles. La petite porte de la rue de l'Arbre-Sec accuse à peu près la même époque. Au-dessus de cette porte est une tribune qu'on appelle la *tribune de la Reine* et d'où la famille royale, sous Charles X, a quelquefois assisté à la messe.

En descendant la nef septentrionale, après les chapelles de saint Denis, de saint Charles et de saint Vincent de Paul, les pieux fidèles s'agenouillent devant l'autel où est conservé le Saint-Sacrement. Là, est une chapelle très fréquentée et couverte d'ex-voto. Elle est consacrée à Notre-Dame de Bonne Garde. Primitivement, elle était dédiée à saint Louis, roi de France, dont l'image se remarque sur le vitrail. Mais après le sac de Saint-Germain-l'Auxerrois, en 1831, on y transporta une statue de la sainte Vierge qui avait été trouvée intacte au milieu des décombres. C'est cette Vierge qui a été érigée sous le titre de Notre-Dame de Bonne Garde et qui est le centre du culte dans cette église. Des cierges brûlent constamment près de son autel.

A côté de la chapelle de Notre-Dame de Bonne Garde s'ouvre un cloître fort gracieux qui conduit au presbytère.

Vitraux du transept septentrional.

Des vitraux du xve siècle garnissent la rose du nord et les quatre fenêtres du croisillon septentrional, et représentent :

LA ROSE. — Au centre le Père éternel ; autour de lui des anges, les martyrs saint Vincent, sainte Agnès, sainte Marguerite, sainte Catherine, sainte Marthe ; parmi les confesseurs, saint Germain d'Auxerre et saint Louis ; puis dans les angles, au-dessus et au-dessous de la rose, les quatre Pères de l'Église latine.

FENÊTRES DU CROISILLON SEPTENTRIONAL. — Dix-huit sujets de la Passion, plusieurs prophètes, des épisodes du sacrifice d'Abraham, les noces de Cana, l'expulsion des marchands du Temple, un donateur et ses deux fils, une donatrice et ses trois filles dont une est religieuse, saint Pierre, sainte Anne instruisant la Vierge, des saintes femmes, dont sainte Claire, sainte Juliette et saint Cyr son fils, une reine instruisant ses deux fils, sainte Madeleine enlevée par des anges.

CHAPELLE DE NOTRE-DAME
DE LA COMPASSION

Dans le bas côté septentrional se trouve la chapelle de Notre-Dame de la Compassion. Son retable, en bois du temps du style gothique, est sculpté avec une patience et une délicatesse extrêmes ; les sujets sont la généalogie de la sainte Vierge, la vie et la mort du Christ. Il provient, d'après de Guilhermy, d'une église de Belgique.

TOURELLES

Dans chaque tourelle accompagnant la rose située au dessus du porche se trouve une salle carrée où le Chapitre déposait ses archives et ses objets précieux. On peut quelquefois, en demandant à la sacristie, visiter la salle de la tourelle de droite, qui est restée intacte, avec son pavé ancien, son plafond de bois sculpté, ses armoires remarquables par le travail de la boiserie et leurs pentures de fer, quelques meubles anciens. On y voit aussi un grand et beau triptyque du XVI siècle représentant l'histoire de la faute originelle et la légende de la Vierge.

COUP D'ŒIL D'ENSEMBLE

Avant de quitter l'église, il faut s'arrêter un instant sous le grand orgue ; Saint-Germain-l'Auxerrois est une des plus belles églises de Paris ; il faut contempler sa longue nef un peu inclinée à gauche comme le Christ en croix, et perdre ensuite ses regards sous les nefs latérales pleines de ténèbres. La nef centrale est très éclairée et les bas côtés sont très sombres, et s'étendent indéfiniment jusque dans des chapelles inaccessibles. C'est le jeu de la lumière et de l'ombre qui fait tout le mystère de Saint-Germain-l'Auxerrois et qui lui donne cet air recueilli et un peu mystique dont le charme, au plein centre de Paris, est si pénétrant.

Paris. — Société française d'Imprimerie et de Librairie.